Karin Pfeiffer

A B C

Mitmachgeschichten

LENDERSDORFER TRAUMFABRIK

Stolz Verlag, Düren
Edition Lendersdorfer Traumfabrik

Inhalt

A – Der Affe auf der Ampel 5
B – Der zerbrochene Besen 6
C – Der Clown im Computer 7
D – Daniel auf dem Dach 8
E – Die Ente und der Esel 9
F – Friedel und die Fidel 10
G – Gustav Geist 11
H – Die Hexe Hilfmir 12
I – Ida findet einen Igel 13
J – Der erste Januar 14
K – Der König von Kukuruz 15
L – Die Lampe und das Licht 16
M – Immer am Montag 17
N – Im Land der Nasen 18
O – Meine Oma fährt im Omnibus 19
P – Professor Preiselbeer 20
Q – Das Quadrat 21
R – Der Riese Rabulan 22
S – Das Saxophon 23
Sch – Der Schopftintling 24
St – Der Steinbeißer 25
T – Der Talisman 26
U – Die Schule im U-Boot 27
V – Das Vogel-Vau 28
W – Der Teufel an der Wand 29
Z – Der Zauberer Zitzelwitz 30

Vorwort

Was kann man mit diesen Geschichten tun?

Vorlesen. Am besten im Sitzkreis. Das ist schnell getan.
Um welchen Buchstaben geht es bei der vorgelesenen Geschichte?
Die Kinder werden es selbst herausfinden.
Danach Weiterdichten. Die meisten Geschichten enthalten selbst Anweisungen dafür: Wer mit Daniel vom Dach herunterschaut, entdeckt überall Dinge mit D. Die Hexe Hilfmir braucht Hilfe bei allem, was ein H hat, der König von Kukuruz macht neue Gesetze, und alles was verboten oder vorgeschrieben ist, hat ein K.
Andere Geschichten sind offen und werden fantasievoll weiterfabuliert.
Da es heute manchen Kindern schwer fällt, aus der Rolle des passiven Zuhörers (Zuschauers) herauszugehen und selbst aktiv zu gestalten, sollte der Lehrer behutsame Hilfestellung geben.
Man muss nicht krampfhaft Sätze drechseln, in denen der Buchstabe mehrmals vorkommt. Auch Sätze ohne den entsprechenden Buchstaben können in die Geschichte eingebaut werden. Wichtig ist vor allem das Mitmachen.

Welche Wörter brauchen wir?

Einfache oder zusammengesetzte Substantive, Adjektive, Verben ...
Der neue Buchstabe ist entweder am Anfang oder im Inneren des Wortes. Wir haben in unseren Listen Wörter angeführt, die den jeweiligen Buchstaben am Wortanfang haben.
Man kann auch mit Wortfamilien arbeiten: Hand, Handtuch, Handschuh, Kusshand, handeln ...
Beim Weiterdichten sollte der Lehrer mit diesen Wörtern Anstöße geben, damit den Kindern etwas einfällt. Ob man reihum Sätze bilden lässt oder mehr auf freiwillige und spontane Beiträge setzt, ist eine Frage des persönlichen Unterrichtsstils. Wichtig ist Lockerheit und Freude beim Sätzebilden. Denn die Schüler sollen ja durch diese Übung einen positiven emotionalen Bezug zu dem Buchstaben bekommen. Und: nur Mut zum Blödeln!

Die Buchstaben X und Y haben wir mangels Wortfülle weggelassen.
Dafür haben wir die Lautverbindungen Sch und St aufgenommen.

Viel Spaß!
Karin Pfeiffer

A

Der Affe auf der Ampel

Mitten in der Stadt sitzt Anton.
Er sitzt oben auf einer Ampel.
Wer ist Anton? Anton ist ein Gorilla.
Lacht nicht. Es ist wahr.
Anton sitzt auf der Ampel
und schwenkt seine haarigen Arme.
Was macht der Affe auf der Ampel?
Wie kommt er in die Stadt?
Die Leute bleiben stehen und lachen.
Was passiert jetzt?

Abenteuer	Appetit	acht
Abschied	April	allein
Adler	Aquarium	allerdings
Advent	Arbeit	allerhand
Afrika	Arm	alles
Alarm	Asien	also
Alpen	Auge	alt
Angst	Augenblick	anfangen
Ansage	August	anrufen
Anorak	Ausrede	arm
Antenne	Auto	atmen
Antwort	Automat	auf
Apfel	aber	aus
Apfelsine	abholen	auslachen
Apotheke	abwärts	außerdem

B

Der zerbrochene Besen

Hexe Barbara will mit dem Besen
zum Bocksberg fliegen.
Der böse Zauberer Borboro
zerbricht heimlich Barbaras Besen.
Als Barbara den zerbrochenen Besen findet,
sagt sie ihren Zauberspruch auf.
Doch der Besen ist und bleibt zerbrochen.
Da hört sie Borboro blöde lachen.
Na warte, denkt Barbara.

Babuschen (= Hausschuhe)	Bleistift	basteln
Bach	Blaukraut	bauen
Badewanne	Blitz	befehlen
Bagger	Blume	begleiten
Balkon	Blut	beinahe
Ballon	Bohne	bemühen
Banane	Bonbon	bequem
Bank	Boot	besser
Bart	Bote	betteln
Batterie	Brennnessel	binden
Baum	Brezel	bitten
Bayern	Brief	bleich
Beere	Briefmarke	blitzen
Berg	Brücke	brausen
Bikini	Brunnen	bravo
Birne	Buch	bremsen
	Buntstift	brüllen

C

Der Clown im Computer

Cäcilie darf am Computer spielen.
Plötzlich kommt ein Clown
auf den Bildschirm.
„Hi, Cäcilie", sagt er und winkt.
Cäcilie winkt zurück.
Da steigt der Clown aus dem Computer.
„Echt cool", sagt Cäcilie.
„Was machen wir jetzt?", fragt der Clown.

Café
Campingplatz
Caravan
Cassette
CD
City
Coca-Cola
Comic
Container
Couch
Cousin
Cowboy
Creme

Stolz Verlag, Edition Lendersdorfer Traumfabrik ABC-Mitmachgeschichten, Best.-Nr. 007

D

Daniel auf dem Dach

Daniel klettert auf das Dach.
Von dort oben kann er sehen,
was die Leute im Dorf machen.
Oma Ringelhut fährt schon
wieder mit dem Dreirad davon.
Werner drückt ihr die Daumen.
Alfons sammelt dreckige Dosen.
Vor dem Schwimmbad drängeln sich Kinder.
Karin geht mit ihrem Delfin spazieren.
Schau mit Daniel vom Dach herunter!

Dackel	Dom	davon
Dame	Dompteur	deshalb
Dämmerung	Donnerstag	dichten
Dampf	Drache	dick
Denkmal	Drachen	doof
Detektiv	Draht	doppelt
Dezember	Drogerie	dort
Diamant	Drossel	draußen
Diät	Dschungel	drei
Dieb	Düne	dreizehn
Diener	Durchfahrt	dringend
Dienstag	D-Zug	drohen
Dinosaurier	daheim	drollig
Direktor	dampfen	drüben
Dirigent	danken	dumm
Diskjockey	darum	dunkel
Doktor	dauern	durchsichtig

Stolz Verlag, Edition Lendersdorfer Traumfabrik ABC-Mitmachgeschichten, Best.-Nr. 007

E

Die Ente und der Esel

Eine Ente reiste einmal nach England.
Unterwegs traf sie einen Esel.
„Wohin des Weges?“, fragte die Ente.
„Ich reise nach England“, sagte der Esel.
„Kannst du Englisch sprechen?“, fragte die Ente.
„Ein bisschen“, meinte der Esel.
„Komm, wir reisen zu zweit“, sagte die Ente.
Dem Esel war es recht.
Unterwegs trafen sie einen Elefanten.

Ehre
Eichhörnchen
Eidechse
Eisenbahn
Elster
Eltern
Ende
Engel
Erbse
Erdapfel
Erdbeere

Erde
Eskimo
Essig
echt
egal
ehrlich
einsam
elegant
elektrisch
elf
empfangen

endlich
eng
erblicken
ermahnen
ernst
erschrecken
erzählen
essen
etwas

F

Friedel und die Fidel

Friedel hat eine Fidel. Was ist denn eine Fidel?
Eine Fidel macht Musik.
Die Fidel sieht aus wie eine kleine Geige.
Friedel übt fleißig auf seiner Fidel.
Manchmal ist er ganz fix und fertig.
Er träumt davon, einmal im Fernsehen auftreten zu dürfen.
Deshalb übt er täglich zwischen drei und fünf.
Eines Tages klingelt das Telefon.

Fahrrad	Fledermaus	fehlen
Familie	Flügel	feige
Fantasie	Flugzeug	festhalten
Farbe	Frau	finden
Februar	Freitag	finster
Fehler	Freizeit	fleißig
Fenster	Freund	fliegen
Ferien	Frikadelle	flink
Feuer	Frosch	fortlaufen
Fichte	Frühling	fragen
Fieber	Frühstück	frech
Finger	Fuchs	fremd
Finnland	Fuß	freundlich
Fisch	fahren	frieren
Flamme	fallen	fühlen
Flasche	faul	fünf

G

Gustav Geist

Gustav Geist wohnt in Burg Gurkenstein.
Seine Kammer ist ganz oben unter dem Dach.
Den ganzen Tag über schläft Gustav,
so wie es sich für einen Geist gehört.
Kurz vor Mitternacht gähnt Gustav
und steht gleich auf. Geisterstunde!
Gustav heult und schreit gellend laut.
Aber niemand ist da, dem er Angst machen kann.
Er wohnt ja ganz allein auf Burg Gurkenstein.
Doch eines Tages ...

Gabel
Gang
Gans
Garantie
Gardine
Garten
Gast
Gebiss
Geburtstag
Gedächtnis
Gedanke
Gedicht
Gefahr
Gefängnis
Geier
Geige
Geiz
Geld
Gelegenheit
Geräusch
Geschenk
Geschrei
Gesicht
Gestalt
Getränk
Gewand
Gewitter
Gewölbe
Giraffe
Gitarre
Glocke
Glück
Gold
Gong
Grimasse
Gruft
Gummistiefel
Gurke
gackern
garstig
geheim
geizig
gemein
geschwind
gestern
glotzen
glühen
grün

Stolz Verlag, Edition Lendersdorfer Traumfabrik ABC-Mitmachgeschichten, Best.-Nr. 007

H

Die Hexe Hilfmir

Die Hexe Hilfmir will nichts alleine machen.
Kommt sie nach Hause, dann sagt sie:
„Hilf mir die Haustür aufzumachen!“
Hat sie Hunger, dann sagt sie:
„Hilf mir! Hol mir heiße Hühnersuppe
vom Herd!“
Ist sie müde, dann jammert sie:
„Hilf mir! Heb mich in mein Bett hinein!“
Sollen wir der Hexe Hilfmir bei allem helfen?
Manchmal sagen wir einfach: „Halt, nein!“

Haare
Haferflocken
(Wasser)hahn
(Kleider)haken
Haltestelle
Hamburg
Hammer
Hamster
Hand
Handtuch
Hase
Haselnuss
Haus
Hausaufgabe
Haustür
Heizung

Hemd
Henkel
Herbst
Herz
Himbeere
Himmel
Hochzeit
Hokuspokus
Holland
Holz
Honig
Hose
Hotel
Hubschrauber
Hund
Hupe

Husten
Hut
häkeln
halbieren
halten
aufhängen
hauen
heben
heiß
heulen
hinauf
hochheben
huckepack
hundert
hüpfen
husten

Stolz Verlag, Edition Lendersdorfer Traumfabrik ABC-Mitmachgeschichten, Best.-Nr. 007

I

Ida findet einen Igel

Es wird Abend. Der Wind ist schon
ein bisschen kühl.
Ida spielt im Garten unter dem Birnbaum.
Raschelt da etwas, oder irrt sich Ida?
Sie erblickt einen Ball mit spitzen Stacheln.
Ein Igel! Ein winziger Igel!
Der Igel ist noch viel zu klein.
Bald wird es Winter.
Ida weiß, dass er Hilfe braucht.

Hier empfiehlt es sich, viele Wörter mit i im Wortinneren oder am Wortende einzubringen.

Idee	immer	Eigelb
Imbiss	impfen	Fleisch
Indianer	innen	Kiwi
Infektion	irgendein	wieder
Inhalt	irgendwo	liegen
Insekten	sich irren	lieb
Insel	Wind	wiegen
Islam	Kind	kein
Italien	Bild	bleiben
ich	Wiese	sicher

Stolz Verlag, Edition Lendersdorfer Traumfabrik ABC-Mitmachgeschichten, Best.-Nr. 007

J

Der erste Januar

Am ersten Januar beginnt ein neues Jahr.
Das alte Jahr hat sich davongemacht,
mitten in der Nacht.
Junge und Alte haben laut gejubelt.
Was ist denn schon dabei,
wenn ein neues Jahr anfängt?
Am ersten Januar ist doch alles gleich
wie am 31. Dezember:
Jana isst morgens Joghurt.
Opa schimpft über die Jugend.
Jens freut sich auf den Juli, weil ...

Jacht	Joga	ja
Jacke	Jogging	jauchzen
Jahreszeit	Johannisbeere	jaulen
Jahrmarkt	Jongleur	jeder
Jammer	Juli	jemand
Japan	Junge	jetzt
Jeans	Juni	jodeln
Job	Jux	

K

Der König von Kukuruz

Der König von Kukuruz sitzt mit seiner königlichen Katze Kimimi auf dem Thron.
Er kratzt sich am Kopf.
Es muss alles besser werden. Viel besser.
Er lässt seinen Kanzler kommen und sagt:
„Ich will, dass alle Kanonen vernichtet werden.
Wer einen Kaugummi auf die Straße spuckt, muss sofort die Straße kehren.
Das Auto wird abgeschafft. Wir reiten nur noch auf Kamelen."
Der Kanzler schreibt alles auf. Was noch?

Käfer	Kastanie	Krokodil
Kaffee	Kerze	Kuchen
Kakao	Kilometer	Kuckuck
Kalender	Kindergarten	Kugel
Kamin	Kiste	Kutsche
Kamm	Klassenlehrer	kalt
Kanarienvogel	Klavier	kichern
Känguru	Klingel	kitzeln
Kaninchen	Knäckebrot	klatschen
Kapitän	Knoblauch	kleben
Karotte	Koffer	klettern
Karpfen	Kohle	kneten
Kartoffel	Kokosnuss	komisch
Karussell	Konzert	krachen
Käse	Krankheit	kurz
Kasper	Krawatte	küssen

Stolz Verlag, Edition Lendersdorfer Traumfabrik ABC-Mitmachgeschichten, Best.-Nr. 007

L

Die Lampe und das Licht

Eine Lampe sagte zum Licht: „Ich mag dich nicht!
Immer wenn es dunkel wird,
muss ich leuchten, weil du es so willst.“
Das Licht sagte: „Ich dachte, du leuchtest gern!
Es ist doch wundervoll, wenn durch uns beide
die Dunkelheit verschwindet,
und es wird ganz hell.“
Die Lampe sagte: „Ich will selbst bestimmen,
wann es hell wird.“
Da sagte das Licht der Lampe lebewohl.

Lakritze
Lamm
Lampion
Land
Lärm
Lasso
Laterne
Laub
Laus
Lawine
Leben
Lebkuchen
Leid
Leine
Leiter

Leute
Lexikon
Liebe
Lift
Limonade
Linde
Lippenstift
Loch
Löffel
Lokomotive
Löwe
Löwenzahn
Luft
Lump
Lupe

Luxus
lachen
lang
langweilig
laufen
lauschen
leben
leicht
leise
lernen
lesen
lieb haben
lila
links
loslassen

Stolz Verlag, Edition Lendersdorfer Traumfabrik ABC-Mitmachgeschichten, Best.-Nr. 007

M

Immer am Montag

Immer am Montag kommt Mister Em zu mir.
Ich darf in seinen Manteltaschen wühlen.
Unmöglich, was Mister Em alles in seinen
Manteltaschen herumträgt:
Einen Magneten, der Margarine
vom Brot herunterziehen kann.
Ein Meerschweinchen, das sprechen kann.
Einen Maulwurf, der das Mittagessen kocht.
Was noch alles?

Mädchen	Mickymaus	Murmel
Mandarine	Milch	Muschel
Mann	Million	Mütze
Märchen	Minute	machen
Marienkäfer	Mittag	malen
Marmelade	Mittwoch	massieren
Marzipan	Mode	meistens
Maschine	Mofa	melken
Mathematik	Möhre	messen
Matratze	Molkerei	mindestens
Maulwurf	Monat	mitnehmen
Maus	Mond	modern
Medizin	Monster	mogeln
Meer	Motor	mögen
Meerschweinchen	Möwe	möglich
Mensch	Mülleimer	morgen
Messer	Mund	müde
Metall	Münze	murmeln

N

Im Land der Nasen

Neulich in der Nacht bin ich
ins Land der Nasen geraten.
Nirgendwo anders habe ich so viele
Nasen gesehen.
Es gab Nashörner, aber das kennt
man ja auch bei uns.
Ich sah Nasenhunde und Nasenkatzen.
Besonders toll fand ich die
Nasenschmetterlinge. Was noch?

Nabel
Nachbar
Nachmittag
Nachricht
Nacht
Nachtigall
Nachtisch
Nadel
Nagel
Name
Napf
Narr
Natur
Nebel
Neffe

Neger
Neid
Nelke
Nerv
Nest
Netz
Neugier
Neujahr
Nichte
Nikolaus
Nilpferd
Nixe
Norden
Nordsee
Nudel

Nummer
Nuss
nachlaufen
nackt
nähen
naschen
nass
neu
neunzig
nichts
nie
niedlich
niesen
nirgends
nützlich

Stolz Verlag, Edition Lendersdorfer Traumfabrik ABC-Mitmachgeschichten, Best.-Nr. 007

O

Meine Oma fährt im Omnibus

Meine Oma fährt fort im Omnibus –
weit, weit fort an einen anderen Ort.
Wo das sein soll, weiß nur meine Oma selbst.
Sag, Oma, fährst du zum Stillen Ozean?
Ja, gewiss!
Fährst du in die Wüste? Bestimmt nicht.
Nach Rom? Ja, gewiss! Zum Opa? Aber ja!
Zur Tante nach Amerika?
Nein, bestimmt nicht,
aber zum Onkel dort.

Obst	Operation	oben
Ochse	Opfer	offen
Ofen	Orange	oft
Ohr	Orgel	ohne
Ohrfeige	Orkan	okay
Olive	Osten	operieren
Olympiade	Ostern	
Onkel	Ostsee	

P

Professor Preiselbeer

Professor Preiselbeer ist ein kluger Mann.
Er weiß viel – aber noch lange nicht alles.
Er kennt die besten Hits aus der Popmusik.
Aber Klavier spielen kann er nicht.
Er weiß, wie ein Putzlappen aussieht.
Er kann einen Pyjama zeichnen.
Weiß er, ob ein Fisch schwimmen kann?
Nein, das weiß er nicht.
Weiß er, ob ein Pony galoppieren kann?
O ja, das weiß er wohl!
Du bist jetzt dran!

Palme
Pampelmuse
Pantoffel
Papagei
Papier
Paprika
Paradies
Pauke
Pause
Pavian
Petersilie
Pfanne
Pfau
Pfeffer
Pfeife
Pferd
Pfingsten
Pflaume
Pfütze
Picknick
Pilz
Pinguin
Pizza
Plakat
Planet
Plastik
Plätzchen
Pokal
Polizei
Pommes frites
Praline
Prinz
Pudding
Pullover
Puppe
Purzelbaum
parken
pfeifen
pflücken
plappern
prüfen
prügeln
purzeln
pusten
putzen

Stolz Verlag, Edition Lendersdorfer Traumfabrik ABC-Mitmachgeschichten, Best.-Nr. 007

Q

Das Quadrat

Das Quadrat saß am Meer
und quakte wie ein Frosch.
Das Quadrat wollte gerne rund sein.
Da kam eine Qualle und
nahm das Quadrat mit ins Wasser.
Das Quadrat löste sich auf.
Es stieg als Dampf zum Himmel hinauf.
Dann regnete es herunter und
es wurde eine Quelle im Gebirge.
Das ist aber alles nur Quatsch.

Qual	Quecksilber	quatschen
Qualität	Quirl	quer
Qualm	Quittung	quetschen
Quark	Quiz	quieken
Quartett	quasseln	

Stolz Verlag, Edition Lendersdorfer Traumfabrik ABC-Mitmachgeschichten, Best.-Nr. 007

R

Der Riese Rabulan

Der Riese Rabulan isst für sein Leben gern
Radieschen, Möhren und Kürbis auch.
„Oh“, ruft Rabulan, „aber mich graust vor
Bananen und Äpfeln. Birnen liebe ich sehr.
Schokolade – igitt! Pralinen – mmmmh!
Die Farbe Rot ist schön. Blau ist schrecklich.
Ich fliege gern mit der Rakete,
vor Flugzeugen habe ich Angst.“
So spricht der Riese Rabulan.
Wirst du daraus schlau?

Rabe	Rhabarber	rascheln
Rad (Fahrrad)	Ring	rasen
Radiergummi	Ritter	raten
Radio	Robbe	rauchen
Rahm	Roboter	raufen
Rakete	Rose	reden
Ratschlag	Rosine	reich
Rätsel	Rübe	reisen
Ratte	Rucksack	reiten
Räuber	Ruder	rennen
Rauch	Ruhe	reparieren
Raupe	Rummel	richtig
Regal	Ruß	rollen
Regen	Rüssel	rufen
Rettich	Rute	ruhig
Rezept	Rutsche	rund

Stolz Verlag, Edition Lendersdorfer Traumfabrik ABC-Mitmachgeschichten, Best.-Nr. 007

S

Das Saxophon

Sigi hat ein Saxophon.
Sandra fragt: „Was ist ein Saxophon?
Ist das eine Säge zum Sägen?
Ist es ein Sack Sand für das Haus?
Ist es eine Socke, die auf dem Sofa sitzt?
Ist es eine spannende Geschichte?
Oder etwas, was man nur
am Sonntag macht?“
Schön weiterraten!

Das Saxophon ist ein Musikinstrument

Sache
Sack
Saft
Säge
Sahne
Salamander
Salami
Salat
Salto
Salz
Samstag
Samt
Sandale
Sänger
Sardine
Satellit

Sattel
Sauna
Seehund
Seele
Seide
Seife
Seil
Sektretär
Sekunde
Senf
September
Sessel
Sieb
Signal
Silber
Sintflut

Skateboard
Skelett
Sklave
Söckchen
Sofa
Soldat
Sommer
Sommersprosse
Sonnenblume
Soße
Spaghetti
Spanien
Specht
Spinne
Supermarkt
Suppe

Stolz Verlag, Edition Lendersdorfer Traumfabrik ABC-Mitmachgeschichten, Best.-Nr. 007

SCH

Der Schopftintling

Was ist denn schon wieder ein Schopftintling?
Ist es ein tintenblauer Schinken?
Ist es ein Schlips für die Tinte?
Ist es ein Schaf, das schnarcht?
Ist es ein Mann, der durch den Schnee wandert?
Ist es ein Schnurrbart?
Ist es Schmetterling mit einem Schopf?
Schön weiterraten!

Der Schopftintling ist ein Speisepilz

Schachtel
Schaf
Schaffner
Schal
Schatten
Schatz
Schaufel
Schaukel
Scheinwerfer
Schemel
Schenkel
Scherbe
Scherz
Scheusal
Schi
Schicksal
Schiedsrichter

Schienbein
Schiff
Schildkröte
Schimpanse
Schinken
Schirm
Schlamm
Schlange
Schlauch
Schleuder
Schlitten
Schloss
Schlucht
Schlüssel
Schmerz
Schmutz
Schnabel

Schnauze
Schnecke
Schnee
Schnittlauch
Schnupfen
Schnurrbart
Schokolade
Schornstein
Schraube
Schuh
Schule
Schwalbe
Schwamm
Schwanz
Schwert
Schwester
Schwein

Stolz Verlag, Edition Lendersdorfer Traumfabrik ABC-Mitmachgeschichten, Best.-Nr. 007

ST

Der Steinbeißer

Und was ist ein Steinbeißer?
Ist das ein beißender Stein?
Ist das ein Mensch, der in die Straße beißt?
Ist das ein besonderes Streichholz?
Ist das ein Stein, der herunterstürzt?
Ist das ein Stück vom Gebiss?
Ist das ein Stoff für das Gebirge?
Schön weiterraten!

Der Steinbeißer ist ein Süßwasserfisch

Stab
Stachel
Stadion
Stadt
Staffel
Stall
Stamm
Stange
Stapel
Star
Start
Station
Stau
Staub
Staude
Steg
Steppe
Stelze
Stempel
Steppdecke
Stern
Steuer
Stich
Stiefel
Stiege
Stiel
Stift
Stimme
Stock
Stoppel
Stöpsel
Storch
Strafe
Strahle
Strampelanzug
Strand
Straße
Strauß
Streichholz
Streifen
Strich
Strom
Strumpf
Stube
Stuhl
Stunde
Stupsnase
Sturm

Stolz Verlag, Edition Lendersdorfer Traumfabrik ABC-Mitmachgeschichten, Best.-Nr. 007

T

Der Talisman

Ein Talisman ist ein Gegenstand,
der vor Unglück schützen soll.
Tanjas Talisman schützt sie vor
fliegenden Tassen und Tellern.
Er schützt sie nicht vor dem Wind.
Er schützt sie vor roten Telefonen.
Schützt er sie vor wilden Affen aus dem Zoo?
Schützt er sie vor bösen Träumen?
Wovor schützt Tanjas Talisman?

Tablett
Tafel
Tag
Tal
Taler
Tanne
Tante
Tapete
Tasche
Tasse
Taube
Teddy
Tee
Teller
Tennisball
Teppichfranse

Terrasse
Teufel
Theater
Tiger
Tinte
Tisch
Toilette
Tollpatsch
Tomate
Tonne
Topf
Tornister
Traktor
Träne
Traum
Treppe

Trompete
T-Shirt
Tulpe
Tümpel
Tunnel
Turm
Tüte
tanzen
taub
tauschen
tausend
teilen
telefonieren
teuer
toll
traurig

Stolz Verlag, Edition Lendersdorfer Traumfabrik ABC-Mitmachgeschichten, Best.-Nr. 007

U

Die Schule im U-Boot

Jutta sagt zu Ulrich: „Ich gehe jetzt in mein U-Boot.
Da ist nämlich meine Schule."
Ulrich findet das gut. Er will mit.
„Du musst einen Satz sagen, dann darfst du rein."
Jutta geht zum U-Boot und sagt:
„Ich habe heute keinen Umweg gemacht."
Und schon wird sie ins U-Boot hineingelassen.
Ulrich sagt: „Ich bin ganz schnell hergekommen."
Aber die Tür bleibt zu.
Wieso denn nur?

U-Bahn	Unterschrift	ungefähr
Ufer	Unwetter	ungerecht
Uhr	Urgroßvater	ungesund
Uhu	Urlaub	ungültig
Umschlag	Urwald	unheimlich
Unfall	umarmen	unmöglich
Unfug	umdrehen	unnötig
Ungeheuer	umfallen	unsicher
Ungetüm	umkehren	unsichtbar
Unglück	umsonst	unten
Unheil	umsteigen	untergehen
Uniform	umtauschen	unterrichten
Unkraut	unbedingt	untersuchen
Unschuld	unbekannt	unzufrieden
Unsinn	und	uralt

V

Das Vogel-Vau

Veronika sitzt am Tisch und schreibt.
Sie schreibt vier-zig.
Der Vater schaut ihr über die Schulter
und sagt: „Veronika, vierzig schreibt man
mit Vogel-Vau!“
Veronika schaut ihren Vater an und lacht:
„Was soll denn das schon wieder sein!“
Da zeichnet ihr der Vater viele Vögel
auf ein Blatt Papier.
„So habe ich das früher gelernt!“, sagt er.

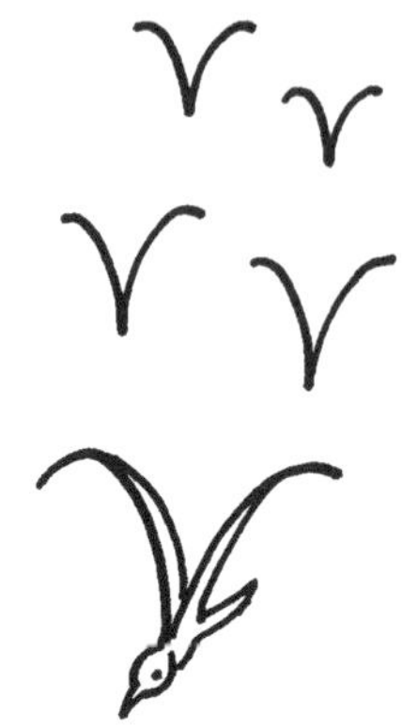

Vanille
Vase
Veilchen
Vergissmeinnicht
Video
Viertel
Villa
Violine
Vitamin
Volleyball
Vorderrad
Vorderseite
Vorhang
Vormittag
Vorname

Vulkan
verbessern
verbieten
verbrennen
verfaulen
verhungern
verkaufen
verlaufen
verletzen
verlieben
verraten
verrückt
verschlafen
verschwinden
versprechen

verunglücken
verwandt
verzaubern
verzeihen
verzichten
verzweifeln
viel
vielleicht
vier
vierzehn
vierzig
violett
voll
vorbei
vorlesen

Stolz Verlag, Edition Lendersdorfer Traumfabrik ABC-Mitmachgeschichten, Best.-Nr. 007

W

Der Teufel an der Wand

Eines Tages malte Willibald wieder einmal
den Teufel an die Wand.
Da sagte der Teufel: „Was willst du, Willi?“
Willi blieb vor Schreck eine Weile stumm.
Dann sagte er: „Ich will, dass du weggehst.“
Der Teufel sagte: „Dein Wille ist mir Wurst.“
Da wurde Willi wild. Er holte einen Putzlappen
und wollte den Teufel von der Wand wischen.
Der aber lachte und sagte:
„Wenn du nicht in jedem Satz
ein Wort mit W sagst, komme ich wieder zurück!“

Waage
Wachs
Waffel
Waggon
Wald
Walkman
Wanze
Wappen
Warze
Wasser
Watsche
Watte
Wecker
Weihrauch
Weißbrot
Weizen

Welle
Welt
Wetter
Wiese
Wildschwein
Wind
Windel
Winter
Wirtschaft
Woche
Wohnung
Wolf
Wolke
Wunder
Wunsch
Würfel

Wurm
Wurst
Wurzel
Wüste
Wut
wandern
warten
weil
(ich) weiß
weit
wer
wichtig
wieder
(ich) will
winseln
wo

Stolz Verlag, Edition Lendersdorfer Traumfabrik ABC-Mitmachgeschichten, Best.-Nr. 007

Z

Der Zauberer Zitzelwitz

Heute will Zauberer Zitzelwitz zaubern.
Er holt seinen Zauberstab
aus der Truhe im großen Zauberzimmer.
Und jetzt geht es los: Hokuspokus!
Ein Dampfzug hält mitten im Zimmer.
Heraus kommen zwanzig Zungentiere.
Sie dürfen dableiben.
Dann kommen drei Elefanten daher.
Zitzelwitz zaubert sie gleich wieder fort.
Jetzt steigt eine Zwiebel aus. Der Zauberer
muss weinen, aber die Zwiebel darf bleiben.

Zahl
Zahn
Zange
Zaun
Zebra
Zehe
Zeitung
Zelt
Zentimeter
Zeppelin
Zeugnis
Ziege
Ziegel
Ziel
Zigarette
Zimmer

Zipfel
Zirkus
Zitrone
Zoo
Zucker
Zukunft
Zunge
Zwerg
Zwieback
Zwilling
Zwirn
Zylinder
zählen
zappeln
zärtlich
zehn

zeichnen
zeigen
zerquetschen
zischen
zuerst
zufrieden
zuletzt
zurück
zwanzig
zwei
zweihundert
zweimal
zwicken
zwinkern
zwischen
zwölf